Ruth Heil

Gott liebt Mütter

30 Andachten für Frauen, die unersetzbar sind

Bildnachweis:
Umschlag: L. Lenz; S. 9, 33: G. Burbeck; S. 13: G. Weissing; S. 17, 25: Ch. Palma; S. 21: K. Forster; S. 29: F. Jenne; S. 37: G. Hettler; S. 40: M. Höfer; S. 44: A. Pisacreta

Die Deutsche Bibliothek – CIP-Einheitsaufnahme

Heil, Ruth:
Gott liebt Mütter : 30 Andachten für Frauen, die unersetzbar sind / Ruth Heil. – 2. Aufl. – Lahr : Johannis, 1998
  (Kurzandachten ; 06183)
  ISBN 3-501-06183-8

Andachten 06 183
2. Auflage 1998
© 1998 by Verlag Johannis, 77922 Lahr
Umschlaggestaltung: F. und H. Baumann
Gesamtherstellung:
St.-Johannis-Druckerei, 77922 Lahr
Printed in Germany 13665/1998

Vorwort

Unersetzbar? Bin ich das wirklich? Könnten diese täglichen Pflichten nicht von jeder Hauswirtschafterin ausgeführt werden? Essen kochen, einkaufen, putzen, bügeln, abstauben, abwaschen … immer dasselbe in schöner Regelmäßigkeit. Und eine Hauswirtschafterin würde am Monatsende noch mit einem Gehalt entlohnt werden. Und was ist mit mir? Gestörte Nächte durch Kindergeschrei, motzende Gesichter, wenn ich etwas Mithilfe erwarte, Vorwürfe über die Telefonrechnung, meine einzige Möglichkeit, mit der Umwelt in Kontakt zu bleiben.

Unersetzbar? Ja, wenn es um Arbeit geht. Aber sonst. Wer fragt, wie es mir geht, wie ich mich fühle? Bin ich wirklich unersetzbar?
Ja, ich bin es. Denn Gott hat diese Familie für mich ausgesucht, diese speziellen Kinder, um an ihnen zu wachsen und ihnen das Beste mitzugeben, was ich habe: mich selbst.
Trotz all meines Versagens darf ich täglich, sogar stündlich und minütlich mir vor Augen malen: Dies hier ist mein Platz. Gott wird mir die Kraft geben, nicht nur zu überleben, sondern diesen Platz mit seiner Hilfe einzunehmen. Selbst mein Versagen darf mich daran nicht hindern; denn ich lebe aus der Vergebung Gottes.

Ich will euch trösten, wie einen seine Mutter tröstet.
Jesaja 66, 13

In einem Stammesvolk im Inneren Afrikas gibt es den Brauch, daß man der werdenden Mutter als Begleitung eine mütterliche Frau zur Seite stellt. Diese nimmt sie auch auf den Schoß, wenn sie verzagt ist.
Sehnen wir uns nicht auch nach solch einem Mutmacher und Tröster? Gott sagt uns, daß er uns mütterlich trösten will. Er braucht keine Erklärungen für unsere Tränen. Er nimmt uns nur einfach in die Arme. »Weine ruhig!« läßt er mich auch heute wissen. »Ich bin da, du weinst nicht ins Leere.«
Tränen sind Gottes Geschenk für uns Frauen. Weil er uns so viele Emotionen gab, schickte er die Verarbeitungsflüssigkeit dafür mit. Weinen kann befreiend wirken, wenn wir wissen, daß jemand unsere Tränen auffängt.

Tip

Tun Sie sich etwas Gutes! Kochen Sie ein einfaches Mahl! Aber nehmen Sie die gewonnene Zeit nicht, um endlich die Fenster zu putzen! Gönnen Sie sich einen Spaziergang, lesen Sie in Ihrer Lieblingslektüre, während das Kleine schläft, oder halten Sie ein Kaffeestündchen mit Ihrer Freundin! Freude gibt uns Kraft, hinterher die Arbeit wieder fröhlicher anzupacken.

Gebet

Herr, ich habe heute einen schlechten Tag. Aber ich flüchte mich an dein Herz. Bei dir finde ich Trost, um weitermachen und trösten zu können.

Uns allen ist angst, aber unsere Augen sehen auf dich.
2. Chronik 20, 12 b

Manchmal erschrecke ich darüber, daß mein Kind so anders ist. Und auch darüber, daß es sich so anders entwickelt, als mir lieb ist. Ich habe Angst, daß meine Erziehung keine Früchte trägt. Gelegentlich entdecke ich mich selbst in meinem Kind, und das macht mir die größte Angst. Wird es später manches an Leid mitmachen, das ich auch durchlitt, weil es solch einen starken Willen hat? Ich würde es so gerne bewahren. Aber ich fühle mich manchmal so unfähig, es richtig zu führen.
Ich merke, daß Erziehung bei mir selbst beginnt. Wenn ich mich in die Schule Gottes begebe, kann ich nachvollziehen, wie meinem Kind zumute ist. Das Hören auf Gott ist einfacher, als das Gehörte umzusetzen.

Tip

Schreiben Sie eine Liste, auf der Sie Ihre Ängste beim Namen nennen! Übergeben Sie diese Liste mit Datum und Unterschrift an Gott! Wenn Sie die Angst einholen will, legen Sie Gott die Liste vor und danken ihm, daß er für Sie sorgen wird!

Gebet

Herr Jesus Christus, dieses Kind ist dein Kind. Du hast es geschaffen. Es ist dir wichtiger, als es mir je sein könnte. Du hast es lieb. Gib mir, daß ich es in der richtigen Weise großziehen kann. Bei dir will ich in die Schule gehen. Ich gebe meine Angst an dich ab. Du wirst bei mir sein.

Jesus sah ihn an und hatte ihn lieb.   **Markus 10, 21**

Blickkontakt ist das beste Mittel, um zu sehen, was im Herzen des anderen vor sich geht. Ohne zu überlegen schauen wir dem Säugling in die Augen, versuchen ihn zum Lächeln zu bringen. Je mehr ein Kind Persönlichkeit wird und einen eigenen Willen entwickelt, um so seltener wird der liebevolle Blick. Wir knöpfen uns den Sprößling eher dann mit Augenkontakt vor, wenn er etwas »ausgefressen« hat. Der Blick der Zuneigung weicht mehr und mehr dem Blick der Zurechtweisung. Einer unserer Jungs sagte einmal flehend zu mir: »Mama, Strafe muß ja sein, aber schau mich doch nicht so böse an!«
Dieser Blick sollte sich wieder ausweiten auf den Blick der Annahme. Legen Sie bewußt die Botschaft in Ihre Augen: »Du, ich hab' dich lieb.« Dieser Blick regt den Selbstwert an und gibt Bestätigung und Kraft.

Tip

Schauen Sie Ihr Kind bewußt liebevoll an. Die gemeinsame Mahlzeit bietet eine gute Gelegenheit. Nehmen Sie sich Augenblicke, um die Botschaft zu vermitteln: Es ist einfach schön, daß du da bist!

Gebet

Herr, so gerne möchte ich liebevolle Blicke schenken. Aber wie kann ich liebe Blicke schenken, wenn alles danebengeht? Ich merke wieder einmal mehr, daß ich dich brauche, auch für den liebevollen Blick.

Siehe, Kinder sind eine Gabe des Herrn, und Leibesfrucht ist ein Geschenk. **Psalm 127, 3**

Diese Kinder – sie sind wie Perlen auf einer Schnur. Welch einen unendlichen Reichtum hat Gott mir mit ihnen geschenkt! Aber an manchen Tagen denke ich, sie sind eine Strafe, eine Bürde, ein Trauerspiel. Ich fühle mich belastet durch sie, unfrei und angebunden in allen Bereichen des Lebens. Überall schreit es »Mama«, und am liebsten möchte ich es nicht mehr hören; denn es ist immer mit einer Arbeit und selten mit einer Umarmung verbunden, dieses Wort. Ich möchte einfach nur allein sein, mal tun, was ich will. Herr, was für ein Geschenk hast du mir da gemacht?!

Tip

Übernehmen Sie ab und zu die Kinder der Nachbarin, und schaffen Sie ihr einen Freiraum! Und geben Sie Ihre eigenen Kinder gelegentlich der Nachbarin in Obhut!
Gestatten Sie sich in Ruhe einen Schaufensterbummel, trinken Sie in Ruhe eine Tasse Kaffee!
Entspannt läßt sich manches viel leichter angehen.

Gebet

Lieber Vater im Himmel, ich fühle mich so undankbar. Denn der Gedanke, mein Kind durch eine Krankheit zu verlieren, ist unvorstellbar. Aber du kennst meine Grenzen. Hilf mir dabei, die Gabe zu sehen, trotz der Aufgabe, die damit verbunden ist!

Der Herr spricht: Ich habe dich lieb.   Jesaja 43, 4

Gott spricht uns ständig neu seine Liebe zu. Auch heute. Gottes Meßlatte an uns ist viel niedriger als unsere eigene. Es geht nicht um Leistung, sondern um Lieben und Geliebtwerden. So wie Gott mit uns umgeht, dürfen wir lernen, auch mit unseren Kindern umzugehen. Es scheint so, daß die schwierigsten Kinder das größte Maß an Liebe brauchen. Denn durch ihr Negativverhalten erfahren sie kaum liebevolle Worte. Und doch schreien sie nach Zuwendung. »Ich habe dich lieb«, diese Botschaft, die Gott trotz unseres Versagens uns immer neu zuspricht, dürfen wir gerade auch den Schwierigen sagen. Dabei müssen wir erfinderisch werden, um die kleinen Anlässe zu finden, wo dies möglich ist.

Tip

Machen Sie beim Essen ein Komplimente-Spiel. Reihum muß jeder etwas Gutes über seinen Nachbarn sagen. Das klappt auch schon mit Mutter und nur einem Kind. Der Satz beginnt mit: »Du bist«, »Du hast« oder »Du kannst«. Danach können lustige und besinnliche Aussagen kommen.

Gebet

Herr, es belastet mich, daß mein Kind so häufig mit »nein« reagiert. Manchmal geht mir die Liebe aus. Aber weil du mich nicht aufgibst, will auch ich mein Kind nicht aufgeben.

Gehe in dein Kämmerlein und schließ die Tür zu, und bete zu deinem Vater im Verborgenen ...
Matthäus 6, 6

In unserem früheren Badezimmer hatte ich über die ganze Wand geschrieben: »Die Freude am Herrn ist meine Kraft!«, ein Wort aus Nehemia 8, 10.
Wie oft ging mir die Kraft aus, als die Kinder alle noch klein waren. Dann schloß ich die Tür zu, kniete mich an die Badewanne und brachte dem Vater im Himmel mein Versagen und meine Kraftlosigkeit, meine Ungeduld und meine Unfähigkeit, die Arbeit zu bewältigen. Auch wenn die Kinder an der Tür rüttelten, war ich einen Moment allein mit dem besten Seelsorger der Welt. Dieser Vater, der den Kummer seiner Kinder kennt, er sieht auch uns Mütter, und er versteht uns.
Es wird ihm nicht zu viel, wenn wir ein paarmal am Tag mit demselben Problem zu ihm kommen. Wir sind ihm nicht lästig. »Denn er weiß, was für ein Gebilde wir sind. Er gedenkt daran, daß wir Staub sind« (Ps. 103, 14). Gott kennt unsere Begrenztheit und verachtet uns doch nicht. Deshalb dürfen wir mutig sein und immer wieder zu seinem Herzen eilen.

Tip

Ziehen Sie sich für Momente immer wieder zurück, um mit Ihrem himmlischen Vater zu sprechen. Er hört uns, wenn wir »fertig« sind. Auch wenn nicht alles läuft, wie wir es uns wünschen, ist er doch da und hilft uns auf.

Gebet

Vater im Himmel, manchmal bin ich eher geneigt zu schimpfen, als mir an deinem Herzen Kraft zu holen. Dann sehe ich nur noch die Berge von Arbeit und meine Unfähigkeit, sie zu bewältigen. Und dann fühle ich auch die Kinder eher als Last denn als Segen. Danke, daß du mir hilfst und daß ich mir bei dir Ermutigung abholen kann.

Siehe, ich habe dir geboten, daß du getrost und freudig seist. Josua 1, 9

Dieser merkwürdig anmutende Befehl Gottes fordert uns auf, Gott mehr Glauben zu schenken als unseren eigenen Gefühlen. Wir sehen menschlich unüberwindbare Grenzen – uns ist angst. Aber Gott gebietet uns, getrost zu sein. Hier steht nicht, daß die Voraussetzungen zur Hoffnung erfüllt sein müssen. Gott lenkt unseren Blick weg von der Situation, und lenkt ihn hin auf sich. Getrost dürfen wir sein, auch wenn unsere Kinder uns momentan keinen Grund zum Freuen liefern. Wunderbarerweise gehen stürmische Entwicklungszeiten auch wieder in ruhigere Phasen über. Im Wort »getrost« finden wir das Wort »Trost«. Gott gibt uns Anlaß, getröstet in die Zukunft zu blicken, weil er selbst dann noch alles überblickt, wenn uns scheinbar alles entgleitet.

Tip

Schreiben Sie auf, was Ihnen Angst macht! Versuchen Sie, Verhalten und Reaktionen des Kindes so gut wie möglich zu definieren! Dahinter notieren Sie sich den Bibelvers des heutigen Tages. Bringen Sie Gott Ihre Niederschrift, und danken Sie ihm, daß er bewältigen wird, was Sie nicht können!

Gebet

Vater im Himmel, es gibt keinen Grund, getrost zu sein. Aber weil du sagst, ich soll getrost sein, will ich dir mehr zutrauen als meinen Gefühlen. Danke, daß ich dir vertrauen darf.

Geduld aber ist euch not.   **Hebräer 10, 36**

Geduld ist eines der schwierigsten Kapitel meines Lebens. Deshalb betete ich schon als junger Mensch: »Herr, gib mir Geduld!« Gott erhörte dieses Gebet auf eigenartige Weise: Er schenkte mir Kinder, viele Kinder.
Ich möchte immer mehr lernen, in der Erziehung das Erziehungs*ziel* zu sehen, nicht den Umweg, den das Kind gerade nimmt. Und dabei will ich mich in Geduld üben und die Punkte nicht aus dem Auge lassen, die für das Kind wichtig sind.
Geduld ist euch not, ja wahrhaftig! Aber wie gut, daß wir bei Gott die Klasse in Geduld wiederholen dürfen, bis wir den Lernstoff beherrschen.

Tip

Überlegen Sie sich am Ende des Tages, in welcher Situation Ihnen immer wieder die »Luft ausgeht«! Malen Sie sich die Szene nochmals vor Augen! Wenn Sie an die Stelle Ihres Fehlverhaltens kommen, überlegen Sie, welche Reaktion sinnvoller gewesen wäre! Spielen Sie die Situation nochmals durch! Versuchen Sie beim nächsten Mal, das neue, bessere »Drehbuch« einzusetzen! Auch wenn es nicht gleich klappt, auf Dauer wird es wirken.

Gebet

Vater im Himmel, Geduld ist nicht mein Fall. Dabei brauche ich sie so dringend. Am liebsten würde ich dich bitten: Gib mir Geduld, aber gleich! Doch ich vertraue darauf, daß du mich nicht aufgibst, wenn ich versage.

Eure Rede sei: Ja, ja; nein, nein. Matthäus 5, 37

Wir Frauen leben in unserem Kreislauf der Hormone, die meist auch stark unsere Gefühlswelt bestimmen. Dieser Kreislauf bestimmt häufig unsere Erziehung. Geht es uns um die Mitte des Zyklus gut, sind wir meist in der Erziehung lockerer, lassen mehr zu, regen uns nicht so schnell auf. Unsere Kinder genießen diese Zeit und merken sehr schnell, wenn wir nicht konsequent bei unserem Wort bleiben. Leider wirkt sich dies dann auch auf die kommenden Tage aus, wenn wir nicht mehr so locker mit uns selbst und den Kindern umgehen können. Für die Kinder ist es wichtig, sich auf unser Wort verlassen zu können. Das gilt für gute und schlechte Botschaften, die wir ihnen vermitteln. Wenn wir uns an unser eigenes Wort halten, gibt dies ihnen und uns Sicherheit. Gerade in der Zeit, in der uns manches leichter fällt, sollten wir uns daran erinnern, unsere eigenen Worte ernst zu nehmen. Sobald unsere Kinder spüren, daß das, was wir sagen, wirklich so gemeint ist, stellen sie sich darauf ein, auch wenn es ihnen nicht immer gelingt, wunschgemäß zu reagieren. Nur nach Laune zu erziehen ist unzureichend und frustrierend für beide Seiten. Erziehung ist immer auch Arbeit an uns selbst.

Tip

Legen Sie einen Wochenplan an, bei dem Sie jeweils ein wünschenswertes Verhalten des Kindes belohnen! Zum Beispiel liegt eine Woche lang der Schwerpunkt darauf, daß die Schuhe an den richtigen Platz gestellt werden. Das Kind darf sich jedesmal bei der Mutter melden, wenn es dies erledigt hat, und bekommt dafür einen Punkt aufgeklebt. Am Ende der Woche gibt es für die jeweils erreichte Punktmenge die vorher abgesprochene Belohnung.

In einer anderen Woche liegt der Schwerpunkt beim sofortigen Reagieren, wenn die Mutter ruft – oder beim Aufhängen der Jacke beim Nachhausekommen usw.

Gebet

Vater im Himmel, Erziehung ist wirklich anstrengend. Viel lieber möchte ich manchmal alles schleifen lassen. Aber dann holt mich diese Nachlässigkeit regelmäßig ein. Bitte gib mir Kraft, bei meinem Wort zu bleiben – wie du ja auch zu deinem Wort stehst!

Noch bevor ich dich im Mutterleib bereitete, kannte ich dich. **Jeremia 1, 5**

Wissen Sie, ob Sie selbst von Ihren Eltern geplant, heiß erwartet waren? Oder waren Sie eher ein Überraschungspaket, das man dann hinnahm? Tief in uns will jeder von uns angenommen sein, gewollt, erwartet. Wer im Laufe des späteren Lebens in Erfahrung bringt, daß er eigentlich nicht geplant war, kommt manchmal schwer damit zurecht. Das Wissen, nicht wirklich gewollt zu sein, führt manchmal zu einer Negativsicht über uns selbst. Und gelegentlich zieht sich dieser rote Faden des Nicht-gewollt-Seins weiter zu unseren Kindern. Eine Frau berichtete mir, daß sie ihr eigenes Kind nicht umarmen kann, weil ihre Mutter sie auch nicht umarmte.
Gott will diesen Kreislauf unterbrechen. Er sagt: Du bist gewollt. Du bist geplant. Du bist wichtig, denn ich wollte, daß du da bist. Auch wenn deine Eltern es nicht wußten, planten oder sich so vorstellten, bist du in meinem Plan vorgesehen.
Wir können unser eigenes Kind um so mehr annehmen und liebhaben, als wir uns selbst von der Liebe und Annahme Gottes heilen lassen.
Schauen Sie in den Spiegel: Diese Frau hat Gott geschaffen, diese Frau ist von Gott geliebt. Wer gibt Ihnen das Recht, sie abzulehnen? Sie sind ein Lieblingskind Gottes. Lassen Sie zu, daß er Ihnen neue Augen für Sie selbst gibt, damit Sie auch neue Augen für Ihr Kind bekommen!

Tip

Schreiben Sie den obigen Vers auf einen größeren Karton mit einem dickeren Filzstift! Lassen Sie Ihr Kind Baby- und Kinderbilder aus Katalogen ausschneiden, und kleben Sie diese rund um den Vers! Wenn Fotos von Ihnen und Ihrem Kind vorhanden sind, kleben Sie sie dazwischen!

Gebet

Vater im Himmel, du wolltest, daß ich da bin. Es gibt einen Plan für mein Leben. Ich bin für dich wichtig, auch wenn ich das nicht so richtig fassen kann. Gib mir Kraft, dir mehr zu glauben als mir selbst! Und schenke mir, daß ich auch in meinem Kind dich erkennen kann, ja sagen kann zu ihm, auch wenn es oft nicht so ist, wie ich es gerne hätte!

Wenn unser Herz uns verdammt, ist Gott größer als unser Herz. 1. Johannes 3, 20

Wir Mütter haben die Gabe der vielen Gefühle. Wir können Zuneigung aber genau so gut ausdrücken wie Abneigung. Manchmal gehen wir dabei zu weit. Wir werden schuldig, wenn wir aus Ungeduld bestrafen, aus der Kraftlosigkeit heraus schreien, aus Überforderung heraus drohen. Wenn es Abend wird, holt uns manchmal unser Versagen wie ein dunkler Schatten ein. Wohl deshalb, weil schlafende Kinder so unendlich süß und harmlos aussehen. Leider hindern uns Schuldgefühle daran, am nächsten Morgen konsequenter mit dem Kind umzugehen und so manches Fehlverhalten im Vorfeld abzufangen. Schuldgefühle erschweren es uns, richtig zu erziehen. Deshalb dürfen wir sie bei Gott abgeben. Auch wenn sie uns verdammen, ist Gott größer als unser Herz. Sein Wort steht über unserem Wort. Wir dürfen ihm vertrauen, daß er vergibt, auch wenn unsere Gefühle uns verurteilen. Im Vertrauen auf ihn dürfen wir neu anfangen, die Erziehung in die Hand zu nehmen.

Tip

Verlieren Sie die Angst, Ihr Kind um Vergebung zu bitten, wenn Sie versagt haben! Aber machen Sie ihm auch klar, daß Sie selbst Grenzen haben!
Verleihen Sie Ihrem Wort Gültigkeit! »Räume jetzt auf!« ist für ein Kleinkind zu unpräzise. Zeigen Sie statt dessen dem Kind, welche Klötze in welchen Behälter sollen! Stellen Sie den Kurzzeitmesser, und zeigen Sie dem Kind, wie die Zeit läuft!

Für das Kind ist es wesentlich einfacher, mit weniger als mit zuviel Spielzeug auszukommen. Schließen Sie den Schrank mit den Spielsachen ab, und lassen Sie es jeweils nur dann etwas Neues herausholen, wenn das Alte aufgeräumt ist!

Gebet

Herr, mein Herz verdammt mich. Ich fühle mich schuldig, wo ich ungerecht war, zu hart, zu laut gegenüber meinen Kindern. Danke, daß ich dich um Vergebung bitten darf und dir vertrauen, daß du mein Versagen wegnimmst.

Gott ist nicht ein Gott der Unordnung, sondern ...
1. Korinther 14, 33

Wissen Sie, wie es weitergeht? Nein, nach »sondern« kommt nicht »der Ordnung«, wie erwartet, sondern »des Friedens«. Dem Wort Unordnung steht also Frieden gegenüber. Die wirkliche Unordnung geschieht in unserem Herzen. Wenn wir nicht mit Gott und mit uns selbst im reinen sind, stört uns die Unordnung viel mehr. Dann regt uns der Lärm der Kinder auf und alles Durcheinander, das sie anrichten. Wir meinen, nichts mehr in den Griff zu bekommen. Wenn Sie heute an diesem Punkt sind, halten Sie inne! Kochen Sie sich eine gute Tasse Kaffee, holen Sie sich die Lieblingskassette hervor, und nehmen Sie den Rekorder mit in das Zimmer, in dem Sie sich ans Aufräumen machen wollten! Gott ist ein Gott des Friedens. Lassen Sie seinen Frieden in Ihr Herz; denn dieser ist wichtiger als alle Ordnung!

Tip

Räumen Sie den Küchenschrank ab, und nehmen Sie sich Zeit, ihn aufgeräumt ein wenig anzuschauen! Wichtig ist, sich daran zu freuen! Denn Hausarbeit ist eine Arbeit, die man nur sieht, wenn sie nicht getan ist.

Gebet

Herr, das Durcheinander macht mich ganz fertig. Wenn ein Zimmer in Ordnung ist, ist das nächste schon wieder in Unordnung. Herr, bitte gib mir den Frieden von dir, damit ich überlebe!

... noch alles, was dein Nächster hat. 2. Mose 20, 17

Anscheinend gelingt anderen Müttern alles besser. Manchmal fange ich an, neidisch zu werden.
Ihre Kinder sind ausgeglichen. Mein Kind aber schreit zornig, wenn es nicht bekommt, was es will, ist oft krank. Dann entwickeln sich Aggressionen gegen mein Kind, das mir mein Leben schwermacht. Warum haben es andere Mütter besser als ich? Warum hat Gott mir nicht auch solch ein unproblematisches Kind gegeben?
Als mir neulich eine Mutter ihre Not mit ihrem Kind erzählte, konnte ich sie so gut verstehen. »Danke«, sagte sie hinterher, »das tat so gut, nicht allein zu stehen mit meinem Problem.«
Ist das das Geheimnis? Ich kann andere verstehen, weil ich diese Not auch durchlitten habe.

Tip

Schreiben Sie auf, was Ihnen einfällt zum Thema Dank! Versuchen Sie, nicht mit denen Vergleiche zu ziehen, die es besser haben – sondern schlechter! Nehmen Sie der Unzufriedenheit die Nahrung durch Dank!

Gebet

Herr, es wäre leichter, ein Kind zu haben, das mir Freude macht. So aber fehlt mir oft der Schlaf, und die Besuche beim Kinderarzt rauben so viel Zeit. Ich will dir aber danken, daß ich davor bewahrt geblieben bin, die Ausgeglichenheit meines Kindes meiner guten Erziehung zuzuschreiben.

Wem Weisheit mangelt, der bitte darum.
Jakobus 1, 5

Wie viele Erziehungsbücher haben Sie schon gelesen? Darin scheint alles so einfach. Man sagt das Richtige – und das Kind funktioniert. Man reagiert richtig, und alles geht von allein. Aber Ihr Kind ist anders? Sie bemühen sich intensiv. Aber Ihr Kind hat anscheinend das Buch nicht gelesen und weiß nicht, wie es sich verhalten soll?! Oder auch – Sie haben gar nicht genug Kraft, sich konsequent zu verhalten. Sie sind viel zu kraftlos, und Ihr Kind spürt das. Ein ständiger Kreislauf von Versagen, Ungeduld und Verzweiflung bemächtigt sich Ihrer.
Unterbrechen Sie ihn! Sagen Sie Gott Ihre ganze Not! Bitten Sie ihn, Ihnen den ersten Schritt zu zeigen! Und versuchen Sie, diesen einen Schritt umzusetzen – nicht mehr als diesen! Bleiben Sie dran, mit Gott über Ihr Kind zu reden! Das ist das Wichtigste.

Tip

Erstellen Sie selbst eine Liste mit Schwachpunkten, an denen Sie arbeiten wollen! Überfordern Sie sich nicht damit, daß Sie alle gleichzeitig angehen! Nehmen Sie sich erst nur einen vor, der nicht so hohe Ansprüche stellt! Geben Sie sich selbst einen Pluspunkt, wenn Sie es geschafft haben! Bei zehn Punkten gönnen Sie sich eine kleine Belohnung!

Gebet

Herr, ich habe keine Kraft, mein Kind richtig zu erziehen. Ich fühle mich manchmal so hilflos und so ausgeliefert. Danke, daß ich aber zu dir kommen und von dir Weisheit erbitten darf. Du ermutigst mich, darum zu bitten. Und deshalb weiß ich, daß ich an dieser Aufgabe nicht scheitern werde. Dich bitte ich um Weisheit. Und ich danke dir, daß du sie mir geben wirst.

Liebe deinen Nächsten, wie dich selbst!
Matthäus 22, 39

»Ich schaffe es kaum, mein Kind zu lieben, weil es mich Tag und Nacht nervt. Manchmal hasse ich es fast. Ich opfere mich auf, gehe auf es ein, erfülle Wünsche, soweit wie irgend möglich, aber als Dank bekomme ich nörglerisches Schreien, Unzufriedenheit und immer mehr Forderungen.« Diese Worte kommen aus dem Mund einer Frau, die mir sehr liebenswürdig erscheint. Ihr Kind ist ihr heißersehntes Wunschkind. Trotzdem kommt sie kaum mit ihrer Situation zurecht. Sie hat nach der Geburt ihren Beruf aufgegeben, um nur für das Kind dazusein, hat alle Wünsche zurückgestellt, geht nicht mehr zum Chor, hat sich bei ihrer Volleyballgruppe abgemeldet. Sie lebt nur noch für das Kind. Und das Kind dankt es ihr anscheinend nicht. Wenn Jesus uns auffordert, unseren Nächsten – und unser Kind ist unser Allernächster – zu lieben wie uns selbst, vergessen wir manchmal das »Lieben-wie-uns-selbst«. Wir brauchen Quellen, aus denen wir Freude schöpfen. Wer sich Freude gönnt, hat auch etwas zum Weitergeben. Wer deshalb gibt, weil er die feste Erwartung hegt, auch etwas zurückzubekommen, erliegt einem Trugschluß und geht enttäuscht daraus hervor. Treten Sie hin und wieder aus dem Trott des Alltags heraus, um sich Freude zu gönnen mit einem Konzertbesuch oder um einen Abend mit einem liebenswerten Menschen zu verbringen! Und seien Sie sicher, daß Gott sich dabei mitfreut!

Tip

Nehmen Sie sich ganz bewußt wieder eine regelmäßige Aktivität vor, durch die Freude in Ihr Herz kommt, sei es der Besuch einer Gymnastikgruppe oder die Teilnahme an einem Chor! Kinder werden sich einmal nicht für die Opfer bedanken, die Sie gebracht haben. Aber sie werden sich an die Lebensfreude erinnern, die Sie ausgestrahlt haben.

Gebet

Danke, Vater im Himmel, daß du mir Freude gönnst. Manchmal vergesse ich über aller Arbeit, daß nicht nur die anderen wichtig sind, sondern auch ich. Du jedenfalls meinst, daß auch ich wichtig bin. Du nimmst mich ganz ernst. Du siehst auch meine Bedürfnisse. Danke, daß ich mir etwas gönnen darf, weil du mir das gönnst.

Die Engel der Kinder sehen allezeit das Angesicht meines Vaters im Himmel. Matthäus 18, 10

Es gibt Tage, an denen alles so sinnlos erscheint. Man versucht, ein wenig Ordnung in die Wohnung zu bringen, aber die Kinder sorgen dafür, daß das nicht lange währt. Dann packt einen ein wenig der Neid gegenüber den Frauen, die arbeiten gehen, einen geregelten Tagesablauf haben und am Schluß des Monats noch ein Gehalt dafür bekommen. Das erscheint einem einfach ungerecht.

Wir sollten nicht vergessen, was wir ungleich mehr haben: Wir haben Engel um uns! Nein, natürlich sind damit nicht unsere Kinder gemeint. Aber Jesus läßt uns in dem obigen Text wissen, daß die Kinder Engel um sich haben, die in persönlicher Verbindung zu Gott stehen. Mit unseren Kindern ziehen Engel in unser Haus. Welch ein Geschenk! Und wer könnte Engel mit Geld aufwiegen?!

Tip

Machen Sie sich die Anwesenheit der Engel bewußt, während Sie Ihre Wohnung aufräumen.
Ich habe in unserer Wohnung an verschiedenen Plätzen kleine Engelfiguren verteilt, wie man sie in der Weihnachtszeit aufstellt. Natürlich haben die richtigen Engel mit diesen Figuren nichts gemeinsam. Engel sind mächtige Boten, die Gottes Auftrag ausführen.
Aber diese kleinen Engelfiguren erinnern mich daran, daß Gott mit seinen Engeln, auch mit den Engeln unserer Kinder, bei uns wohnen will.

Gebet

Herr, es ist beschwerlich, mit Kindern zu leben, auch wenn man sie liebt. Manchmal schiele ich nach den Frauen, die es scheinbar besser haben als ich. Aber ich will lernen, dankbar zu werden für meine Aufgabe. Du bringst mir mit jedem neuen Kind einen Engel ins Haus. Danke, daß wir so behütet sind.

Alles nun, was ihr wollt, daß die Leute euch tun sollen, das tut auch ihr ihnen ebenso. Matthäus 7, 12

Dieses Wort bezeichnet man auch als »goldene Regel«. Es gilt für alle zwischenmenschlichen Beziehungen, am meisten in der eigenen Familie. Und dort ist es besonders schwer, weil man sich so gut kennt. Es ist uns wichtig zu wissen, wenn sich unsere Kinder nicht wohl fühlen. Deshalb sollten auch wir ihnen ganz ehrlich sagen, wenn es uns nicht gutgeht. Dann können sie auch begreifen, daß unsere Reaktionen nicht gegen sie gerichtet sind. Kinder lernen viel mehr durch unser Vorbild als durch unsere Worte. Sie übernehmen unsere Ungeduld und schauen sich unser Verhalten ab. Deshalb ist Erziehung zuallererst Arbeit an uns selbst.

Tip

Wenn Sie einen schlechten Tag haben, hängen Sie morgens schon ein dazu vorbereitetes Verkehrsschild mit »Vorsicht Gefahr« und einem Ausrufezeichen auf! Erklären Sie den Kindern, daß Sie heute nicht »gut drauf« sind.

Gebet

Vater im Himmel, wie sehr wünsche ich mir, daß unser Zusammenleben harmonischer verliefe. Ich erwarte vieles von meinen Kindern, was ich manchmal selbst nicht schaffe. Schenke mir die Kraft, an meinen Schwachpunkten zu arbeiten! Gib mir den richtigen Blick, daß ich bei meinem Kind nicht die Fehler ausmerzen will, die ich selbst noch mache!

Eine Frau berührte den Saum seines Kleides.
                                    Matthäus 9, 20

In der Berührung mit Jesus erfährt unser Herz Linderung. Wenn wir uns in seine Gegenwart begeben, wird es uns leichter. Wir selbst sind für unsere Kinder auch solch ein Ort, um heil zu werden. Oft drücken sie ohne Worte aus: »Nimm mich in den Arm! Laß die Arbeit einen Moment liegen, und beschäftige dich mit mir!« Je kleiner ein Kind ist, desto mehr braucht es Nähe, um sein gefühlsmäßiges Defizit an Geborgenheit aufzufüllen. Wenn es jammert, das Bügeln unterbrechen, das Kleine auf den Schoß nehmen, ein Fingerspiel machen, es berühren – und dann weiterbügeln. Wir brauchen das Berühren, das Greifen, um einander zu *begreifen*.

Tip

Wenn Ihr Kind unruhig und quengelig ist, beschäftigen Sie sich immer wieder mit ihm! Nehmen Sie es in den Arm, und sagen Sie ihm, daß Sie es liebhaben! Vergessen Sie nicht, daß auch größere Kinder Berührung brauchen! Streichen Sie dem Kind im Vorbeigehen über die Schulter oder klopfen Sie sanft auf seinen Rücken! Das fördert die Beziehung zueinander.

Gebet

Lieber Vater im Himmel, manchmal bin ich zu beschäftigt mit mir selbst, um noch an die Bedürfnisse meines Kindes zu denken. Erinnere du mich daran, auf seine inneren Bedürfnisse einzugehen!

Diese Worte, die ich dir heute gebiete, sollst du dir zu Herzen nehmen und sollst sie deinen Kindern einschärfen und davon reden, wenn du in deinem Haus sitzt oder unterwegs bist, wenn du dich niederlegst oder aufstehst. **5. Mose 6, 6.7**

Vielleicht erscheint Ihnen Ihr Kind noch zu klein, um ihm schon biblische Geschichten zu erzählen. Aber tief in sich begreift es mehr als mancher Erwachsener, weil sein Zutrauen in Gott ganz stark ist. Je mehr Sie selbst mit Gott verbunden sind, um so mehr wird auch Ihr Kind gefühlsmäßig erfassen, was Sie meinen. Es ist gut, die Liebe Gottes Ihrem Kind nahezubringen. Denn es wird eine Zeit kommen, da es von Gott möglicherweise nicht mehr viel hören und wissen will. Zuerst also: Viel mit dem Kind über Gott reden – und in späteren Jahren dann vermehrt mit Gott über das Kind sprechen.

Tip

Nehmen Sie sich jeden Tag eine bestimmte Zeit, um Ihrem Kind eine biblische Geschichte zu erzählen! Wenn Sie nicht frei erzählen können, wählen Sie ein entsprechendes Buch aus, angepaßt an das Alter des Kindes! Die Phase, in der Kinder Geschichten hören wollen, ist meist recht kurz. Versuchen Sie sie zu nutzen.

Gebet

Herr, ich möchte ganz nahe bei dir sein, damit mein Kind Sehnsucht hat, dich kennenzulernen. Schenke, daß ich etwas von deiner Liebe ausstrahle, wenn ich über dich rede!

Ist etwas Gutes, dem denket nach! Philipper 4, 8

Leider nimmt das Lob ab, je älter unser Kind wird. Waren wir am Anfang noch begeistert über die ersten Schritte, mahnen wir später: »Paß doch besser auf!«, wenn es stolpert. Faszinierten uns seine ersten Worte, so heißt es Monate danach: »Sprich deutlich, sei nicht so hastig!« Geht es später zur Schule, wird es erleben, daß auch dort Mißlungenes eher erwähnt wird. Dabei leben wir von Lob. Jedes Lob bewirkt einen Motivationsschub. Lob verhindert manchen Tadel. Nach Erkenntnissen der Psychologie braucht es fünf positive Aussagen, um eine Negativaussage auszugleichen. Wie steht es da bei uns? Lob ist lebens-not-wendig. Lob ist der Antriebsmotor der Seele. Je schwieriger ein Kind ist, um so mehr braucht es Lob, aber um so schwerer ist es auch, Lobenswertes zu finden. Für diese Kinder dürfen wir uns von Gott eine Speziallupe erbitten, damit wir die kaum wahrnehmbaren guten Stellen sehen lernen.

Tip

Fragen Sie Ihr Kind, wo nach seiner Meinung seine Stärken liegen! Das sind die Dinge, für die Ihr Kind gelobt werden will. Schreiben Sie sie auf eine Lob-Liste, und hängen Sie sie in das Zimmer des Kindes!

Gebet

Vater im Himmel, wieviel lieber würde ich loben, als mich immer nur aufregen zu müssen über Nachlässigkeiten meines Kindes! Gib mir offene Augen, um seine guten Seiten zu sehen! Und dann schenke mir den Mut, diese auszusprechen.

Ich weiß deine Werke und deine Arbeit und deine Geduld ...   **Offenbarung 2, 2**

Gott macht sich die Mühe, die Einzelheiten dieser Menschen in der Gemeinde zu erwähnen. Genauso sollen wir auch mit unserem Kind umgehen. Beobachten Sie Ihr Kind, wenn es ruhig beim Spielen verweilt! Schauen Sie es genau an, sein Haar, sein Gesicht, seine Hände! Schauen Sie ihm in die Augen, wenn es kurz aufblickt! Und dann schreiben Sie ihm eine Urkunde!

»Du hast wunderschöne braune Haare. Deine Hände sind fähig, richtige Kunstwerke zu bauen. Beim Lachen hast du süße Grübchen im Gesicht. Deine Augen sind wie zwei leuchtende Perlen.«

Alles, womit wir ausdrücken, daß wir unser Kind mögen, macht es fähig, auch besser damit umzugehen, wenn wir manchmal ungerecht reagieren.

Tip

Schreiben Sie Ihrem Kind eine Urkunde! Verzieren Sie diese und lesen Sie sie ihm vor! Hängen Sie sie im Zimmer des Kindes auf.

Gebet

Herr, ich möchte so gerne immer liebevoll mit meinem Kind umgehen. Oft schaffe ich das nicht. Bitte vergib mir! Aber schenke mir, daß ich oft daran denke, dem Kind meine Freundlichkeit zu zeigen, daß es sich selbst besser annehmen kann! Danke, daß du mich immer neu annimmst und mir deine Liebe zeigst.

Vergib uns unsere Schuld, wie auch wir vergeben unseren Schuldigern. **Matthäus 6, 12**

Sobald wir mit einem Menschen sehr nahe zusammenleben, werden wir schuldig. Wir spüren dessen Grenzen, und auch unsere eigenen. Wenn ich nach einer mehrmals gestörten Nacht morgens schon wieder mit einem Schrei des kleinen Menschen geweckt werde, ist meist zu wenig Geduld da, um noch einmal liebevoll zu reagieren. Wir Menschen haben einfach eine begrenzte Kraft. Und das bekommt das kleine Kind zu spüren, auch wenn sein Schreien von der verstopften Nase herrührt und nicht böse gemeint ist. Wohin dann mit unseren Schuldgefühlen, wenn wir gereizt reagiert haben und nicht gerade geduldig die Windeln wickeln, wenn uns mal die Hand ausrutscht, was wir nie tun wollten? Es ist gut, sich nicht in Schuldgefühlen zu verzehren. Selbstvorwürfe und Schuldgefühle schaffen ein düsteres Gefühlsklima. Wir dürfen bei Gott um Vergebung bitten – und sie auch den kleinen Plagegeistern, die unsere Nachtruhe raubten, gewähren. Vergebung wirkt lösend und freimachend.

Tip

Schreiben Sie den folgenden Bibelvers auf und streichen Sie ihn anschließend mit einem dicken Rotstift durch! »Jesus hat den Schuldschein zerrissen und ans Kreuz geheftet, der gegen uns war« (Kol. 2, 14).
Hängen Sie diesen Zettel als Erinnerung an eine gut sichtbare Stelle für Sie auf, z. B. in die Schranktür Ihres Kleiderschrankes!

Gebet

Vater im Himmel, ich habe versagt. Ich reagierte anders, als ich es wollte. Bitte vergib mir! Und vor allem, schenke mir die Kraft, das nächste Mal überlegter zu handeln! Du siehst, wie mir nachts der Schlaf fehlt. Bitte ersetze ihn mir oder mache es möglich, daß der kleine Schreihals mal wieder durchschläft!

Brief des Paulus an die Römer, die Korinther, die Galater …

Die meisten Menschen freuen sich über Post. Auch Kinder. Da sie noch nicht schreiben können, beschränkt sich dies meist auf ihre Geburtstage. Schreiben Sie Ihrem Kind doch einen Brief, und schicken ihn ganz normal mit der Post ab!
Besonders die temperamentvollen Kinder fühlen sehr wohl, wie oft sie die Grenzen überschreiten, und brauchen deshalb ein besonderes Maß an Bestätigung. In einem Brief kann man, ohne unterbrochen zu werden, einmal alles aufschreiben, was einem auf dem Herzen liegt. Und das Kind kann den Brief aufbewahren, sich erinnern, daß wohltuende Worte darin stehen. So kann ein Brief eine ständige Erinnerung sein: »Du bist sehr wertvoll.« Könnten wir eine bessere Botschaft weitergeben?

Tip

Verschieben Sie die Umsetzung nicht auf morgen! Sie brauchen keinen sehr langen Brief zu formulieren. Achten Sie mehr auf Herzenswärme als auf Vollkommenheit.

Gebet

Herr, manchmal ist es schwer, meinem Kind liebevolle Worte zu sagen, wenn es mir doch ständig durch seinen Ungehorsam zusetzt. In deinem Wort sprichst du mir Mut zu, auch wenn ich selbst oft versage. Laß mich aus deinem Wort den Mut nehmen, auch immer neu mit meinem Kind zu beginnen!

... doch ungestraft kann ich dich nicht lassen.
Jeremia 30, 11

Trotz bester Erziehung werden manchmal schlechte Angewohnheiten eingeschleppt. Leider verschwinden sie nicht von allein. Worte, die man ständig hört, prägen sich ein. Wenn das Kind im Kindergarten und in der Schule bei jedem kleinen Mißgeschick das Wort »Sch...« hört, wird es anfangen, sich ebenfalls so auszudrücken. Nicht überall findet man das schlimm. Jede Familie hat andere Werte. Was in der einen Familie aufgrund des Wertekodex als inakzeptabel angesehen wird, wird in der anderen im Rahmen der persönlichen Freiheit toleriert. Wie locker bzw. wie streng verfahren wird, legt jede Familie selbst fest. Viele Familien achten aber immer noch auf eine gepflegte Ausdrucksweise; sie möchten Vulgärausdrücke vermeiden. Für den Lebensweg des Kindes ist das Erlernen von Selbstdisziplin wichtig.

Für Fehlverhalten jeder Art kann man Minus-Punkte vergeben, wenn z. B. beim Nachhausekommen die Jacke auf den Boden geworfen wird, statt sie aufzuhängen usw. Verbale Fehlleistungen können ebenfalls so behandelt werden. Sobald ein gewisses Maß an Minus-Punkten zusammengekommen ist, wird dies durch eine zusätzliche Arbeitsleistung (»Straf-Arbeit«) oder sonstige Einschränkungen abgegolten.

Die Erfahrung lehrt allerdings, daß ein Stil, der viele Details regeln will, auf Dauer nicht durchzuhalten ist. Eltern von großen Kindern wissen darüber allzugut Bescheid.

Tip

Bringen Sie an verschiedenen Stellen der Wohnung humorvolle Hinweise an, die immer wieder an korrektes Verhalten erinnern! Loben Sie Ihr Kind und belohnen Sie es, wenn es ihm gelingt, ein Fehlverhalten zu überwinden!

Gebet

Manchmal, Herr, ist es leichter, Worte zu machen, als zu handeln. Hilf mir dabei, auch an mir selbst zu arbeiten! Gib, daß mein Kind spürt, daß ich auch noch nicht fertig bin und deine Hilfe nötig habe! Mache mich zu einem guten Vorbild für mein Kind, daß ich glaubwürdig lebe und es an mir sieht, wie wichtig du mir bist!

Seht die Vögel unter dem Himmel an: sie säen nicht, sie ernten nicht ... und euer himmlischer Vater ernährt sie doch. Matthäus 6, 26

Unabhängig von ihrer Leistung, beschenkt der himmlische Vater die Vögel mit Nahrung. Er will uns damit wissen lassen: »Macht euch nicht dauernd Sorgen! Gönnt euch Freude.« In ähnlicher Weise dürfen wir mit unserem Kind umgehen. Nicht nur für erbrachte Leistung gibt es Belohnung, sondern manchmal ohne Anlaß.
Da dürfen die Kinder abwechselnd mit Ihnen in die Schatzkiste greifen, um die wöchentliche Aktivität festzulegen. Auf den Zetteln stehen lauter Überraschungen: Schwimmbadbesuch, eine kleine Wanderung, Eis essen, Mensch-ärgere-dich-nicht-Spielen, Verstecken im Dunkeln. Leben ist nicht nur Pflicht, sondern auch Frohsinn.

Tip

Nehmen Sie eine leere Plätzchendose! Überlegen Sie mit den Kindern, was Ihnen Freude macht! Jedes der Kinder darf seine Wünsche ausdrücken. Schreiben Sie die Wünsche einzeln auf, und legen Sie sie in den Behälter! Jedes Kind kommt einmal pro Woche an die Reihe, einen Zettel zu ziehen.

Gebet

Herr, vor lauter Pflichten fällt die Freude manchmal aus. Gib mir Mut, Freude in die Wege zu leiten. Ich bin manchmal zu müde, noch eine weitere Aktivität anzusteuern; aber hinterher bin ich jedes Mal sehr froh. Danke, daß du mir Freude gönnst.

Gelobt sei der Gott und Vater unseres Herrn Jesus Christus, der Vater der Barmherzigkeit und Gott allen Trostes. 2. Korinther 1, 3

Trösten müssen und dürfen wir Mütter von Anfang an. Wir sprechen beruhigend auf den schreienden Säugling ein, wir leiden mit, wenn der kleine Mensch sich beim Hinfallen verletzt, wir umarmen unser Kind, wenn ihm Unrecht geschieht, wir stehen in der Nacht auf und wiegen unser Kind, wenn es schlecht geträumt hat.

Wem von uns ist es aber leider nicht auch schon so ergangen, daß er sich einen Tröster gewünscht hat? Wer tröstet uns denn, wenn wir uns elend fühlen, erschöpft aufstehen und mit der letzten Kraft das Essen zubereiten? Wer tröstet uns? Von Gott wird uns hier gesagt, daß er der Gott allen Trostes sei. Er sagt: »Leg dich zurück, meine Arme breite ich um dich. Suche Trost bei mir! Ich will dich trösten.«

Tip

Nehmen Sie eine leere Dose oder Schachtel und sammeln Sie darin Bibelverse, durch die Sie schon getröstet wurden! Nehmen Sie an schweren Tagen einen heraus und lernen Sie ihn auswendig!

Gebet

Vater im Himmel, manchmal scheinst du mir so fern. Eine Hand, die ich spüren könnte, wäre mir lieber, ein Arm, der sich um mich legt. Aber ich will dir vertrauen, daß du da bist, wenn ich Trost brauche. Und auch wenn ich dich nicht fühle, so bist du dennoch da.

Ihr habt nicht, weil ihr nicht bittet.   Jakobus 4, 2 b

Das größte Geschenk, das ich von meinen Eltern erhalten habe, ist, daß sie mich beten lehrten. Das weiß ich heute. Ich lernte, daß ich alles, was mich bewegt, zu Gott bringen darf, sei es groß oder klein. Es war nicht schwer, dies zu lernen, da meine Eltern es genauso handhabten. Ich erinnere mich noch gut daran, als meine Mutter Gott um ein neues Radio bat, um morgens mit etwas Musik besser den Tag beginnen zu können. Und ich weiß noch sehr gut, wie Gott auf eigenartige Weise dieses scheinbar überflüssige Gebet erhörte. Es ist gut, unsere Bitten vor Gott zu bringen und die Kinder daran Anteil nehmen zu lassen. Nur so können sie in Erfahrung bringen, wie real Gott wirklich ist. Als ich neulich in der Stadt Gott um einen Parkplatz anflehte, weil wir einen Arzttermin hatten und schon sehr spät waren, fuhr innerhalb von Minuten genau dort ein Auto weg, wo wir es brauchten. Fröhlich und erleichtert sagte ich: »Alles aussteigen!« – »Aber Mama, du hast vergessen, danke zu sagen«, erinnerte mich ein Kind.
Alles dürfen wir vor unseren Vater im Himmel bringen. Und statt so viel zu jammern, sollten wir uns daran erinnern, daß wir alles erbitten dürfen, was uns fehlt. Und danach das Danken nicht vergessen!

Tip

Setzen Sie sich täglich eine feste Zeit, in der Sie mit dem Kind ein Gebet sprechen! Besonders günstig sind die Momente vor dem Schlafengehen. Sprechen Sie mit dem Kind vorher durch, was ihm Angst macht, und

auch, worüber es sich heute freute! Und dann bringen Sie dies mit ihm vor Gott!
Wichtig ist, daß das Kind unseren Umgang mit Gott erlebt. Beten Sie ruhig auch laut, wenn Ihr Kind dabei ist! Sagen Sie Gott, was Ihnen gerade auf dem Herzen liegt! So kann Ihr Kind ganz selbstverständlich lernen, daß man Gott alles anvertrauen kann.

Gebet

Das Jammern liegt mir oft näher als das Beten, Herr. Du kennst mich sehr gut. Aber ich will es lernen, dir immer mehr meine Schwierigkeiten zu bringen. Und wer könnte sich besser um mich annehmen und mich besser darin verstehen als du? Danke, daß ich immer zu dir kommen darf.

Die Liebe Gottes ist ausgegossen in unsere Herzen durch den Heiligen Geist. **Römer 5, 5**

Je älter meine Kinder wurden, um so mehr spürte ich, daß meine eigene Liebe, die mir so groß und gewaltig schien, so schnell ausgeht. Nämlich genau da, wo mein Kind meinen Erwartungen nicht entspricht und wo ich mich mit der Arbeit überfordert fühle. Manchmal spürte ich sogar, wie aus Erschöpfung meine Zuneigung zu Ende war.
Wie gut, daß wir uns Nachschub holen können, wenn unsere eigene Liebe am Ende ist und verletzt in der Ecke liegt. Durch den Heiligen Geist wird die Liebe Gottes in unser Herz ausgegossen. Wir dürfen darum bitten, daß der Heilige Geist in uns Heilung bewirkt, damit die Liebe Gottes auffüllt, was uns ausgegangen ist: unsere eigene Liebe.

Tip

Den obigen Bibelvers als Erinnerung aufschreiben und in die Küchenschranktür oder an die Küchenzeile hängen.

Gebet

Herr, ich erkläre meinen Bankrott. Ich war immer so begeistert von Kindern. Aber du siehst, wie ich manchmal am Boden liege. Du weißt auch, wenn mir die Geduld und sogar die Liebe ausgeht. Wie bin ich froh, Herr, daß ich bei dir Nachschub holen darf an Liebe, sooft ich es brauche! Bitte gieße durch den Heiligen Geist neue Liebe in mein enttäuschtes Herz!

Gott schuf den Menschen ihm zum Bilde.
                                                   1. Mose 1, 27

Es gibt Tage, die man einfach aushalten muß. Draußen regnet es, bei der Arbeit kommt man nicht voran. Man fühlt sich saft- und kraftlos. Unser Kind ist alles andere als ausgeglichen. Fast ist es so, daß meine eigene Gefühlswelt auf das Kind abfärbt. Ich bin mit mir selbst unzufrieden, wäre gerne freundlich und schaffe es nicht. An mir kann ich wenig vom Bild Gottes sehen, das er in mich geprägt haben soll. Und in meinem Kind erkenne ich eher meine Schwiegermutter oder irgendeine andere Person aus dem Familienkreis meines Mannes, wenn es nicht seine besten Seiten zeigt. Ich wünschte mir, mein Kind wäre anders – lebhafter und interessierter – oder auch ruhiger, nicht so fordernd, mehr die Zeit mit Schlafen verbringend. Aber ich konnte es mir nicht aussuchen. Mein Kind ist nicht nur ein Produkt aus uns und unserer Verwandtschaft, sondern es trägt zuallererst das Bild Gottes in sich. Er hat es geschaffen, es kam von seinem Herzen an unser Herz. Gott schickte uns gerade dieses Kind, um an ihm Geduld zu lernen, um an ihm zu reifen. Von daher ist jedes Kind eine große Gnade, und je schwerer es uns fällt, um so mehr Möglichkeiten bietet es mir, an mir selbst zu arbeiten. Gott schuf auch dieses Kind zu seinem Bild, auch wenn ich noch wenig davon erkennen kann.

Tip

An den größten Spiegel der Wohnung mit Filzstift schreiben: Ich bin Gottes Bild!

Oder auch auf ein Blatt Papier aufschreiben und mit Tesafilm daranheften.
Eine andere Möglichkeit:
Ein Foto des Kindes rahmen und aufhängen. »Du bist Gottes Bild« darunterschreiben.

Gebet

Herr, es fällt mir manchmal sehr schwer, mich selbst anzunehmen. Ich würde gerne anders sein, anders reagieren, nicht so oft versagen. Meine Unzufriedenheit übertrage ich dann auf mein Kind. Schenke mir, daß ich mich so sehen kann, wie du mich siehst, und dann auch mein Kind mit deinen Augen ansehen lerne!

Segnet, weil ihr dazu berufen seid, Segen zu erben!
1. Petrus 3, 9

»Segnen, wie geht das eigentlich?« fragte mich eine Mutter. »Soll ich wie der Pfarrer in der Kirche meine Stimme erheben und den Segensgruß sprechen?«
Nein, sicher nicht. Das wäre zu Hause unnatürlich und würde auch für das Kind aufgesetzt wirken. Legen Sie dem Kind die Hand auf den Kopf, bevor es aus dem Haus geht, und sagen Sie schlicht: »Sei gesegnet im Namen Jesu!« oder »Ich segne dich, der Herr Jesus geht mit dir.«
Wenn ich es manchmal vergesse, den Kleinen mit einem Segen gehen zu lassen, nimmt er meine Hand und legt sie auf seinen Kopf.

Segnen heißt ganz schlicht: Ich wünsche dir, daß Gott mit dir ist und dich bewahrt. Ich wünsche dir alles Gute.

Wir sollten einander viel öfter diesen Segensgruß zusprechen, weil Gott sich darüber freut, wenn wir ihn in unsere Mitte einladen.

Vor einiger Zeit stand ich am Bett unseres sehr temperamentvollen Kindes. Es lag in tiefem Schlaf. »Herr«, betete ich, »segne dieses Kind besonders! Ich komme nicht immer mit ihm zurecht, aber du.« Am nächsten Morgen hatte ich ein verändertes Kind. Ob Gott das Kind veränderte oder meine Einstellung zu ihm, das spielt für mich keine Rolle. Gott stellte sich verbindend zwischen uns.

Tip

Sprechen Sie Ihrem Kind den Segen Gottes zu, sei es beim Aufwachen oder Schlafengehen oder auch, wenn Sie es zum Kindergarten bringen! Wenn es das Kind will, legen Sie ihm dabei leicht die Hand auf den Kopf! Nehmen Sie diesen Gruß nicht als magische Formel, sondern bewußt als Zuspruch Gottes.

Gebet

Herr, was könnten wir uns Besseres wünschen, als deinen Segen? Wenn du dabei bist, brauchen wir uns nicht zu fürchten. Was auch immer geschieht – wenn du dabei bist, haben wir einen festen Halt. Segne du mein Kind!